Fulgurites
ou
l'effet haïku

Le Noroît souffle où il veut, en partie grâce aux subventions du Conseil des Arts du Canada et de la Société de développement des entreprises culturelles du Québec. Les Éditions du Noroît bénéficient également de l'appui du Programme de crédit d'impôt pour l'édition de livres du gouvernement du Québec (gestion SODEC).

Mise en pages : Turcotte design
Photographe : Yves Laroche

Dépôt légal : 2e trimestre 2014
Bibliothèque et Archives nationales du Québec
Bibliothèque et Archives Canada
ISBN : 978-2-89018-875-4

DISTRIBUTION AU CANADA
Dimedia
539, boulevard Lebeau
Saint-Laurent (Québec) H4N 1S2
Téléphone : 514 336-3941

DISTRIBUTION EN EUROPE
Librairie du Québec (DNM)
30, rue Gay-Lussac
75005 Paris
Télécopieur : 01 43 54 39 15
liquebec@noos.fr

Éditions du Noroît
4609, rue D'Iberville, bureau 202
Montréal (Québec) H2H 2L9
Téléphone : 514 727-0005
lenoroit@lenoroit.com
www.lenoroit.com

Imprimé au Québec, Canada

Yves Laroche

Fulgurites
ou
l'effet haïku

Photographies de l'auteur

Éditions du
Noroît

Fulgurites
ou
l'effet haïku[1]

La seule découverte qui aura été faite dans cette première recherche aura été « une excellente trouvaille » ... par son boy et qu'il aurait voulu avoir faite : « des fulgurites, les premières signalées de Mauritanie (et peut-être du Sahara occidental). [...] Ce sont des tubes vitrifiés produits par la foudre tombant dans le sable. De bonnes pièces néolithiques. La journée n'est pas perdue ».

Théodore Monod, cité par Nicole Vray

Le haïku nous dit toujours « autre chose ».

Maurice Coyaud

Dans ces photos, vous avez l'objet, mais vous avez dans l'objet, ou superposée à lui, une chose que j'appellerais l'« image », qui contient mon idée. Le tout présent en une seule et même fois. Il y a un conflit, une tension. L'objet est là et cependant ce n'est pas un objet. C'est quelque chose d'autre.

Aaron Siskind

---

1 « Quand Apollinaire laisse en retrait sa faconde, quand il ne cherche pas midi à quatorze heures, il lui arrive de "rester court". Se produit alors l'effet haïku. » (Jacques Brault)

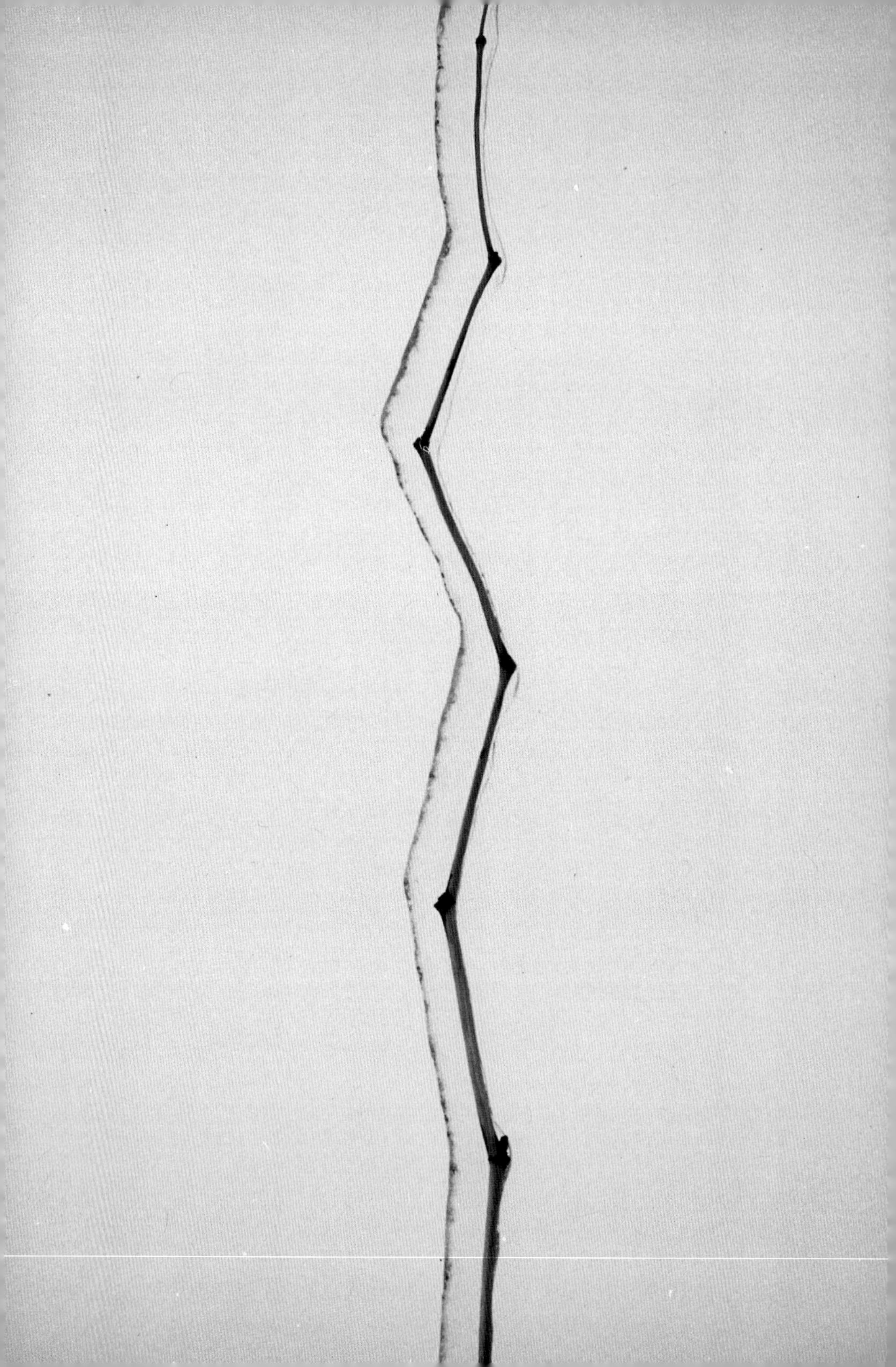

DE L'ÉCLAIR

La fulgurite

L'éclair
se cristallise
dans le désert

*

Devant l'éclair
je suis ivre
et sans abri

DU BOIRE

Le sphinx de la vigne
ne se pose jamais
même pour boire

*

Porto
boire la nuit
et son rêve

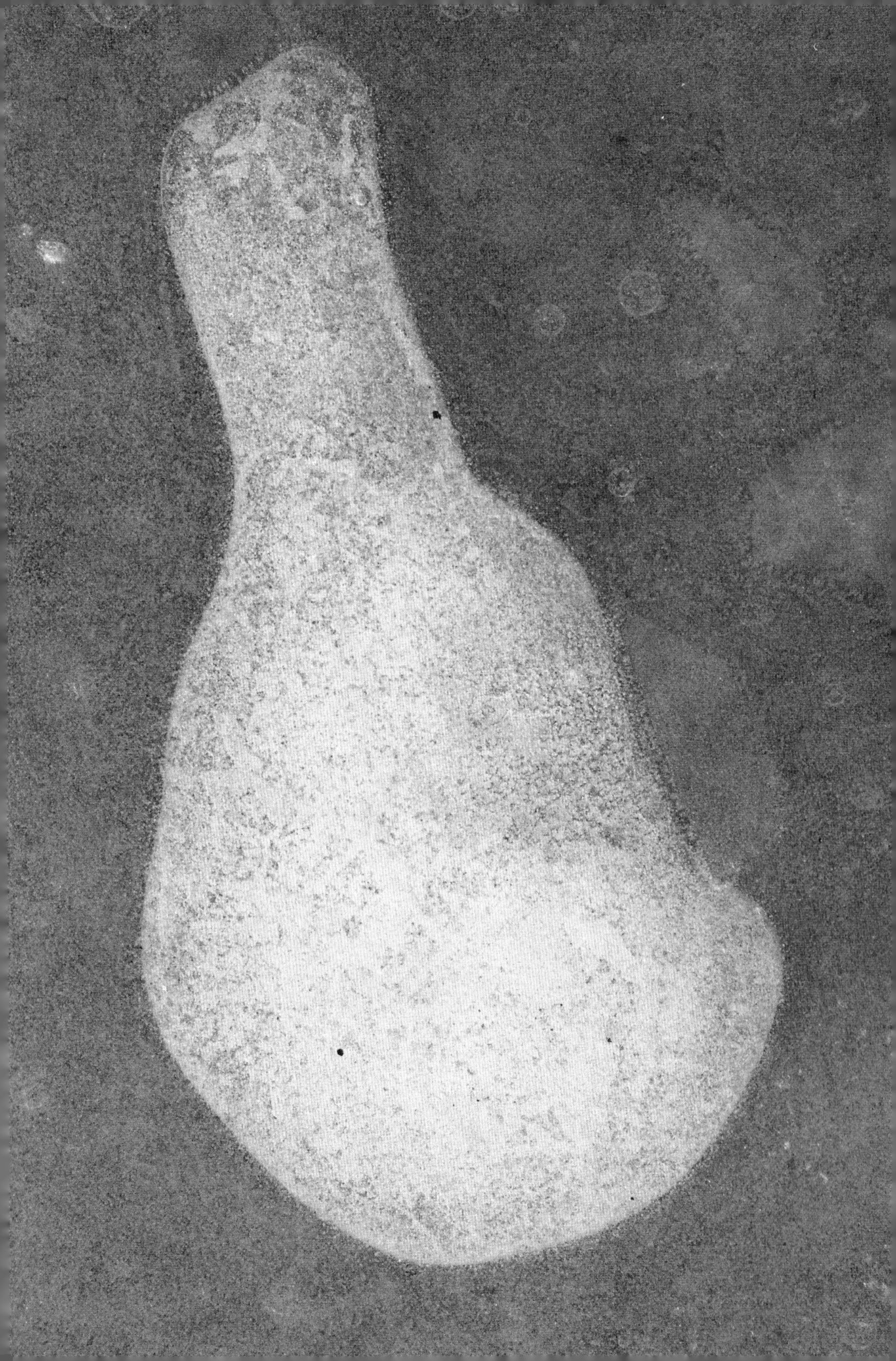

DU VIN

Le vin de glace
montre à l'abricot
ce qu'il aurait pu être

*

Andalousie

La rivière Tinto
coule comme du vin rouge
Mars sur Terre

DU RÊVE

Paysage onirique

Tout est recouvert
de cendre
de lucioles

*

La vie

Soleil blanc
lune orange
envers d'un rêve

DES ÉTOILES

À la fin de sa course
le soleil
accélère

*

Les étoiles
incarnation
du futur antérieur

DE L'ILLUSION

Cumulus

Surréels
les nuages perçus
en leur troisième dimension

*

Rien n'est plus mythomane
que la forme
des étoiles

DE L'UNIVERS

Kiefer

Le ciel, une illusion ?
On en trouve des morceaux
sur Terre…

*

Boson de Higgs

L'univers repose
sur une particule
insaisissable

DU CIEL

Le ciel
retouche sa grisaille
à l'infini

*

Ballet dramatique

Ciel orageux
le ventre des mouettes
capte le peu de lumière

DE LA NUIT

La nuit laiteuse
plus claire
que l'aube

*

Du fond de la nuit
le merle chante
l'inespéré

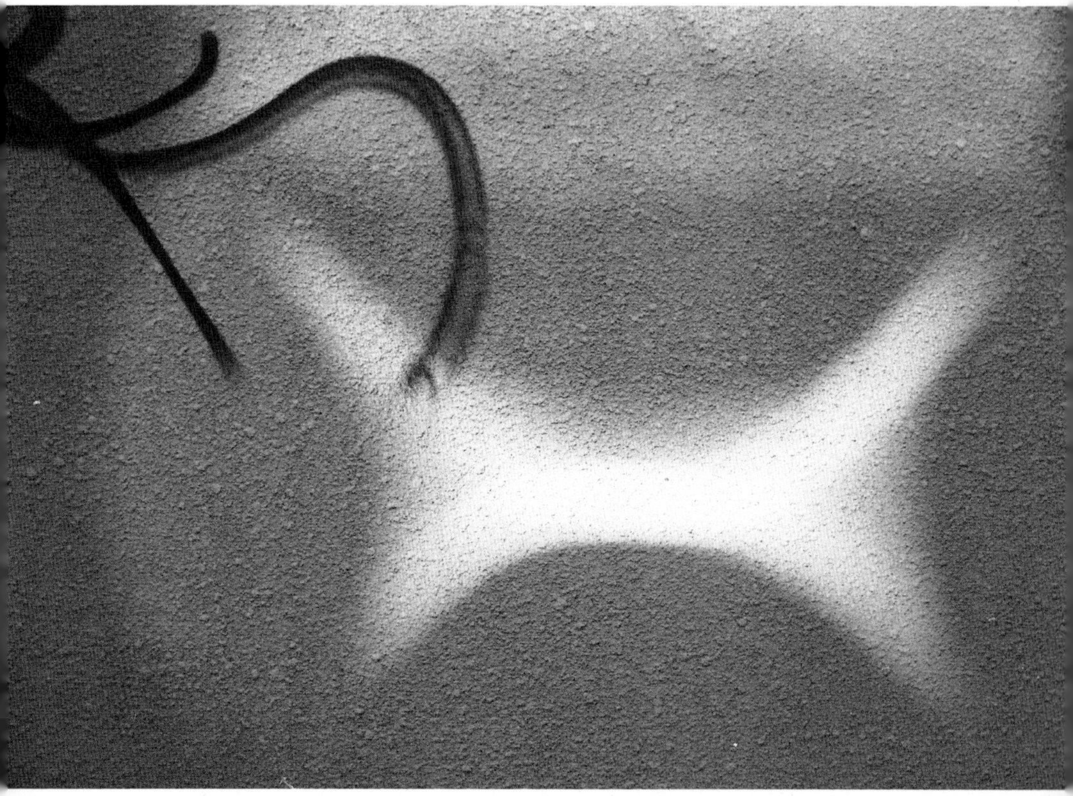

DES HEURES

À l'heure bleue
ma fenêtre tire
un polaroïd

*

Heure exquise
les gens n'ont pas encore
tiré les rideaux

DE LA LUMIÈRE

Cap-Rouge

La lumière sépia
transforme le paysage
en vieux cliché

*

Mortier de lumière
à l'intérieur
d'un igloo

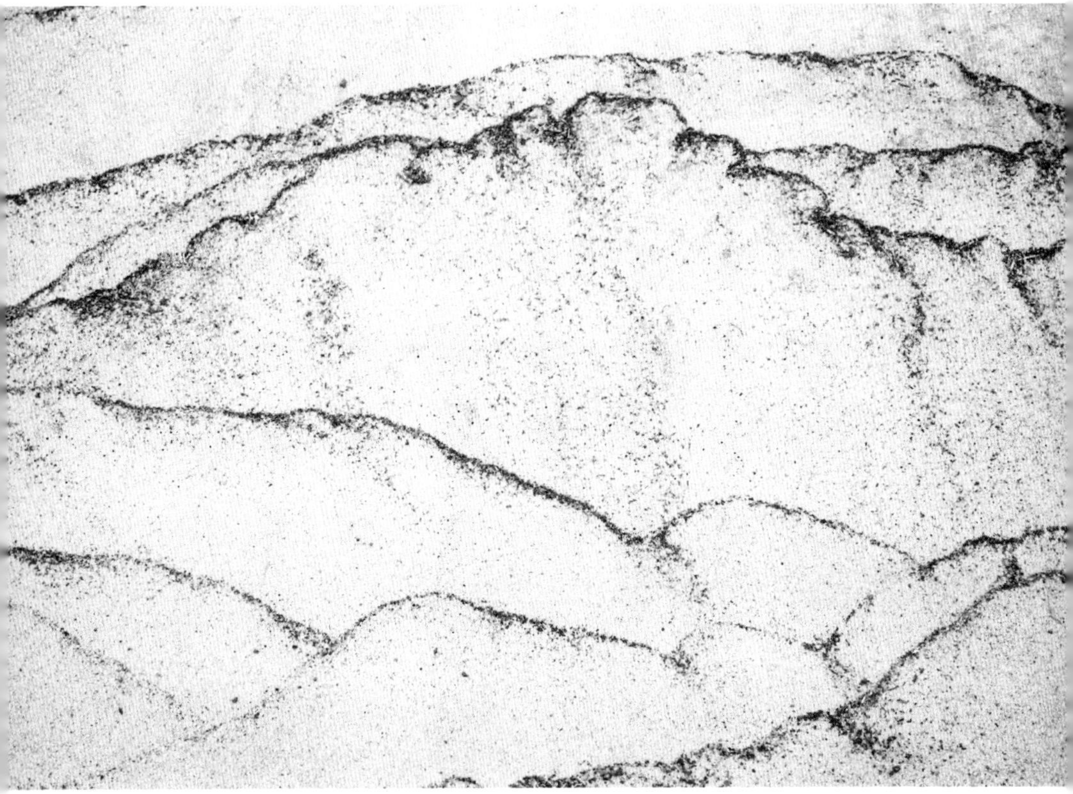

DU REGARD

Chemin Sainte-Foy

Les réfugiés bhoutanais
ne voient pas les montagnes
que tu regardes

*

Dans les yeux
en train de disparaître
en paysage

DES YEUX

La salamandre des grottes

Ne servant pas
ses yeux s'effacent
peu à peu

*

Les pissenlits
tache jaune
du monde

DES FRUITS

Modigliani (nu de 1916)

Dans l'obscurité orangée
des paupières closes
les fruits mûrissent mieux

*

Tu parles comme l'enfance
la bouche pleine
de fruits

DES EXTRÉMITÉS

Dit d'un enfant belge

Le pin de 5000 ans fait pitié
il ne peut pas
mourir

*

Le cactus suicidaire
tend vers le soleil
à s'en déraciner

DES ARBRES

Le séquoia
littéralement
plus grand que nature

*

Chaque arbre abrite
sa faune d'insectes
chacun ses bibittes

DES PAPILLONS

Le caligo
sur l'écorce
des yeux trompent l'œil

*

Monarque à contre-jour
fugitif
vitrail

DE LA FUITE

Avant de disparaître
la cigale laisse
une enveloppe

*

Les pensées de la voisine
ont filé
à l'anglaise

DU SORTIR

Sors de ta chambre
pour voir
avec qui tu avais rendez-vous

*

Légende aborigène

C'est en marchant
qu'on invente
le monde

DE LA MARCHE

Lagune du Bénin

On va chercher de la terre
pour apprendre aux enfants
à marcher

*

Au Maroc

Pour survivre
des nomades suivent
les nuages

DU DÉSERT

Sécheresse

Le rêve s'évapore
avant de toucher
terre

*

Un désert particulier

Sans la brume
toute forme de vie
disparaîtrait

DES LIEUX INGRATS

Route 138
le paysage aurait dû s'arrêter
à Natashquan

*

Ici prolifèrent les cardères
qui vivent dans des lieux
incultes

DE LA TRISTESSE

Les rigueurs de Zanskar

Une trentenaire pleure
en caressant les belles mains
du jeune reporter

*

Au Pérou

Dans sa langue
elle ne pourra plus raconter
ses rêves à personne

DE L'HISTORIOGRAPHIE

Mieux que le diamant
le zircon raconte
l'histoire du monde

*

Les sillons des arbres
prouvent que le temps
est une spirale

DES ÎLES

Capri

La plus belle île du monde ?
Un facteur ne sait pas :
« Elle est toujours pareille »

*

Île de Surtsey
recommencer la vie
avant sa disparition

DES INTERDICTIONS

Délos

Île sacrée
défense de naître
et de mourir

*

Sur les panneaux
des bayous
« Défense de nourrir les alligators »

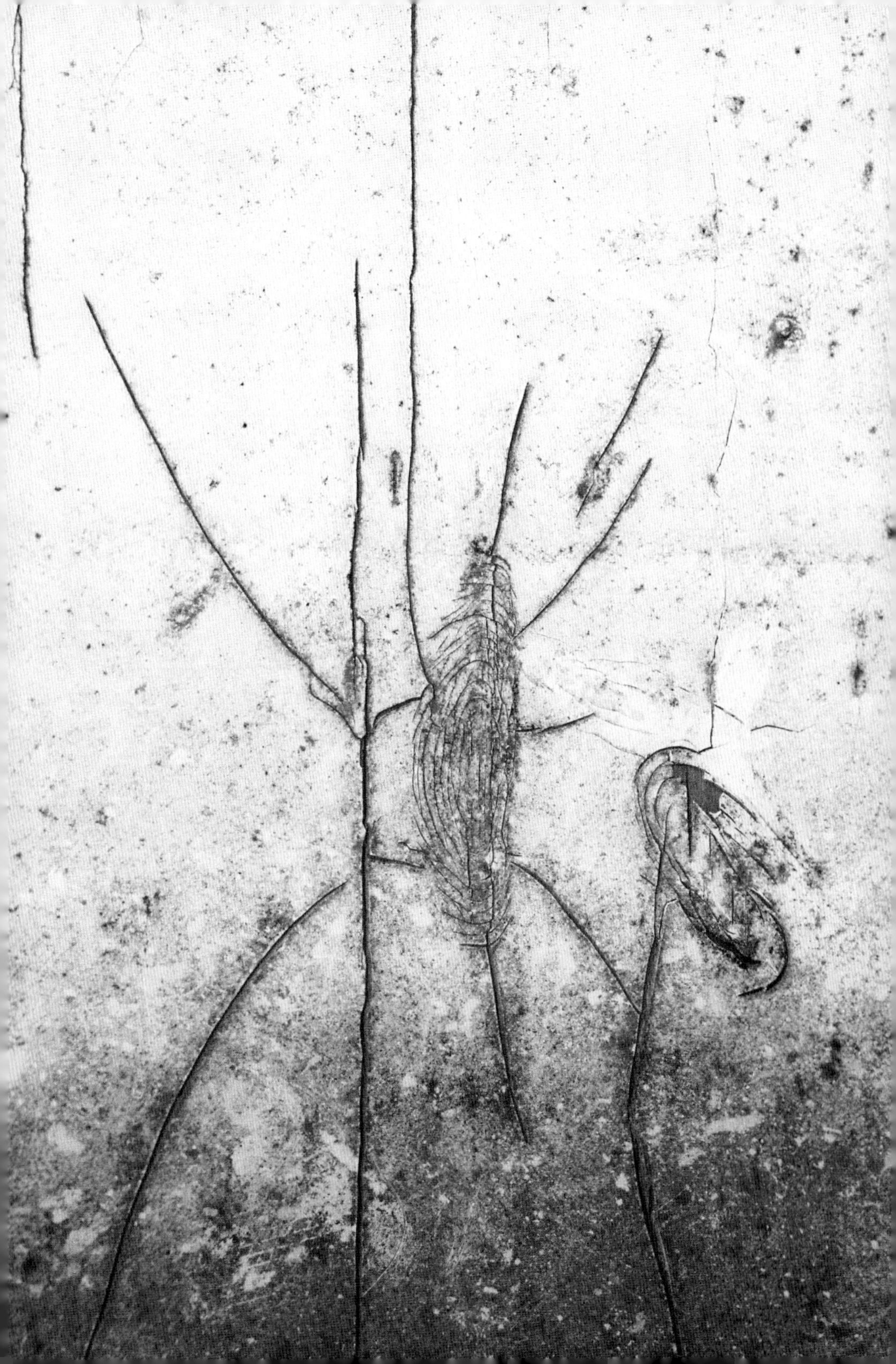

DU MOURIR EN BEAUTÉ

François Chevalier

Des insectes écrasés sur pellicule
c'est affreux
comme c'est beau

*

Piet Oudolf

Cultive les plantes
encore belles
quand elles sont mortes

DE LA MORT DES ÉCRIVAINS

Électrocardiographie

Mort de Jean-François Revel
la vie
de gauche à droite

*

Buson et Breton

Moi mort
que mon dernier transport soit
une voiture de déménagement

DE LA POÉSIE

La poésie épouse
tous les visages
pas n'importe lequel

*

Le Tibet
emblème de la poésie
ce lieu sans lieu

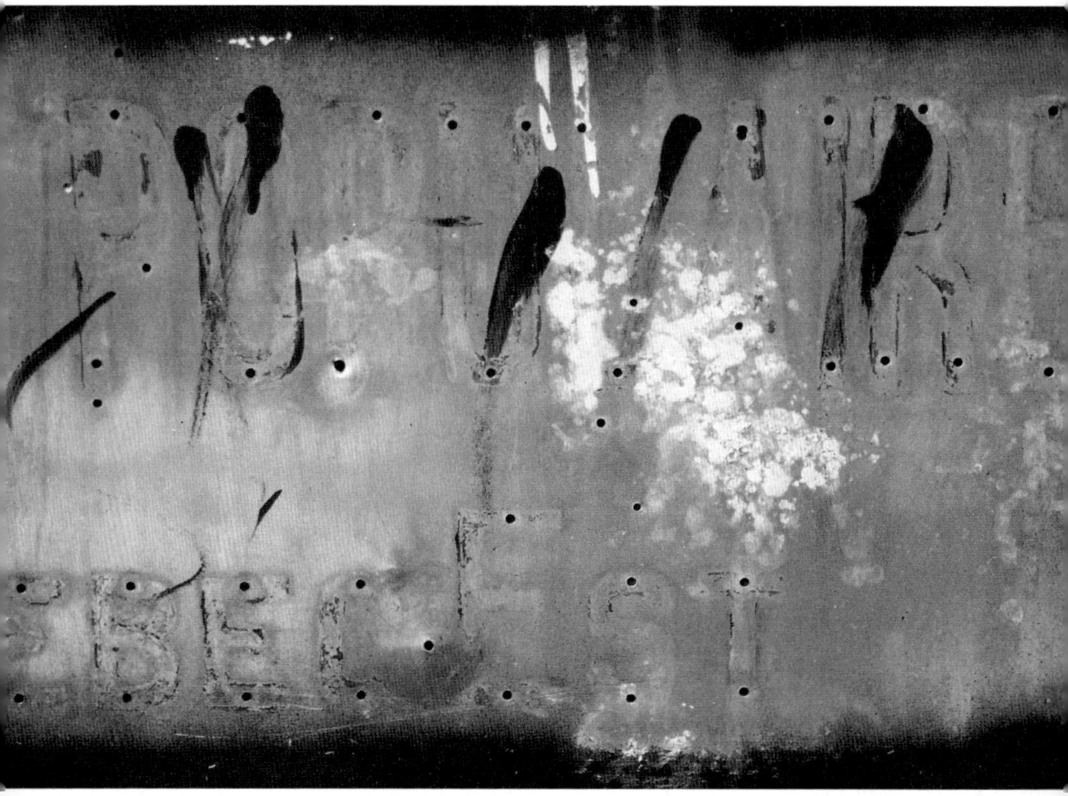

DE L'EFFET HAÏKU

Dit de Jaccottet

Champs de blé
ni jaune, ocre ou or
autre chose qu'une couleur

*

Dit de Derrida

La littérature toujours
autre chose
qu'elle-même

DE LA RECONNAISSANCE

Il y a trop de bruants
je ne reconnais plus
le moineau

*

Toujours la première fois

Aucune chenille
n'a vu venir
le papillon

DES DÉFINITIONS

Pluton

Une nouvelle définition
fait disparaître
une planète

*

L'if
un conifère sans résine
ni cônes

DE L'IDENTITÉ

L'orignal
ne cherche pas à être
orignal

*

Un 5 septembre

Saint-Henri ressemblerait davantage
à d'autres quartiers
qu'à lui-même

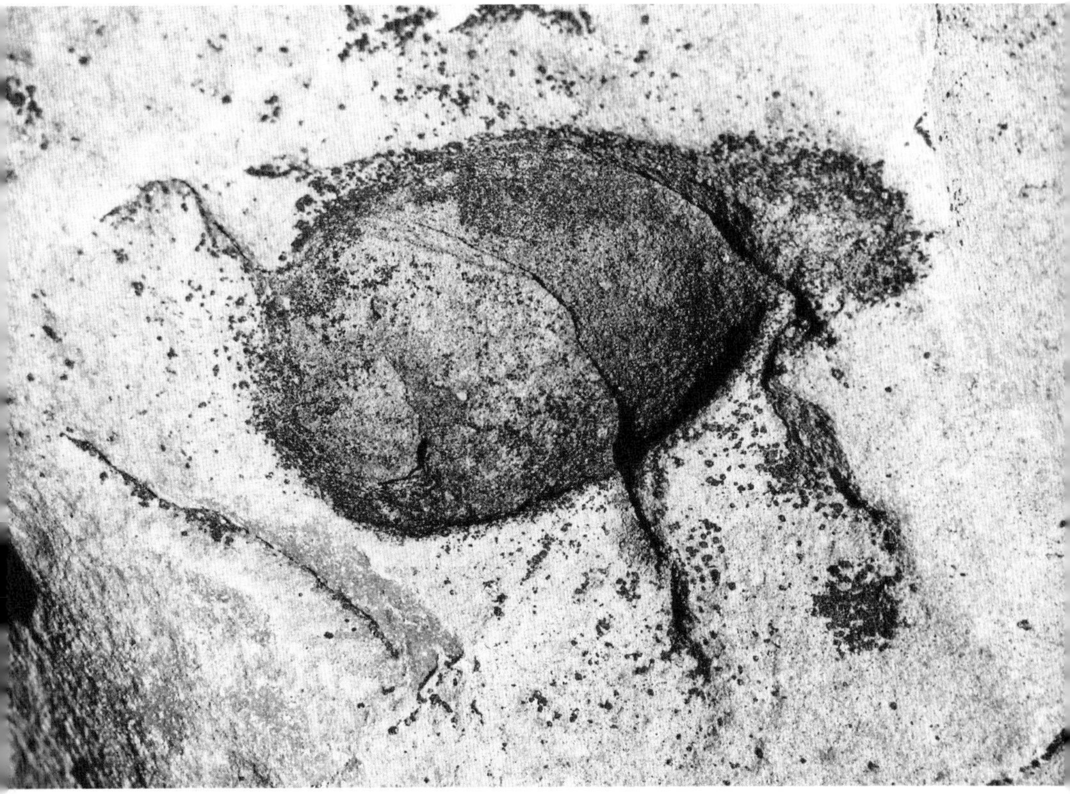

DE LA MYTHOLOGIE

Microcosmos

Le bousier et sa boule
merde !
on jurerait Sisyphe

*

L'oriole attiré
par l'orange
Narcisse

DU PARAÎTRE

Le paradisier magnifique
pas assez
pour la brunette

*

Le jardinier à nuque rose

À Alexandre Marceau

Grâce à un effet de perspective
le mâle paraît plus gros
dans son nid

DU LOOK ARTISTE

Arletti

Seul le geai bleu
a vraiment une gueule
d'atmosphère

*

Don Quichotte

Le faux cyprès
a la silhouette
la plus artistique

DES ARTISTES

Cocteau

S'il y a un incendie chez lui
il emporte
le feu

*

Norval Morrisseau

En état d'ébriété
il peint les rêves
de son grand-père

DES VELLÉITAIRES

Pelleteux de nuages

Écris tes poèmes
dans les phylactères
du ciel

*

Mieux que moi
le mot « atelier »
fait son œuvre

DE LA CRÉATION

Le pic s'attaque
d'abord au contenant
pas au contenu

*

Dans les grottes de calcaire
l'acide
fait des merveilles

DU SILENCE

Musique

Toute pièce trace
un nouveau sentier
vers le silence

*

Pastiche de Char

L'hésitation
la blessure la plus rapprochée
du silence

DE LA LENTEUR

En arrêt
le lézard se ménage
un peut-être

*

Requin du Groenland
juste assez de cerveau
pour la lenteur

DU SACRÉ

Ne papillonne pas
le sacré se trouve à tes pieds
sous la forme d'une mante

*

Le lotus
sacré ou non
ne veut pas se mouiller

DE LA RÉVÉRENCE

La grâce d'une chandelle
révérence
d'une couleur

*

D'un coup
une pivoine se vide
de tous ses pétales

DE L'ÉPHÉMÈRE

Vivre à perpette
l'hiver islandais
dont le jour ne fait que passer

*

Ryan Larkin

Deux secondes
c'est bien assez
pour rencontrer quelqu'un

DES RETROUVAILLES

Gant perdu

Comme elles me retournent
ces retrouvailles
qui n'auront pas lieu

*

Hapax

Seul dans le désert
Théodore Monod tente de retrouver
une fleur à exemplaire unique

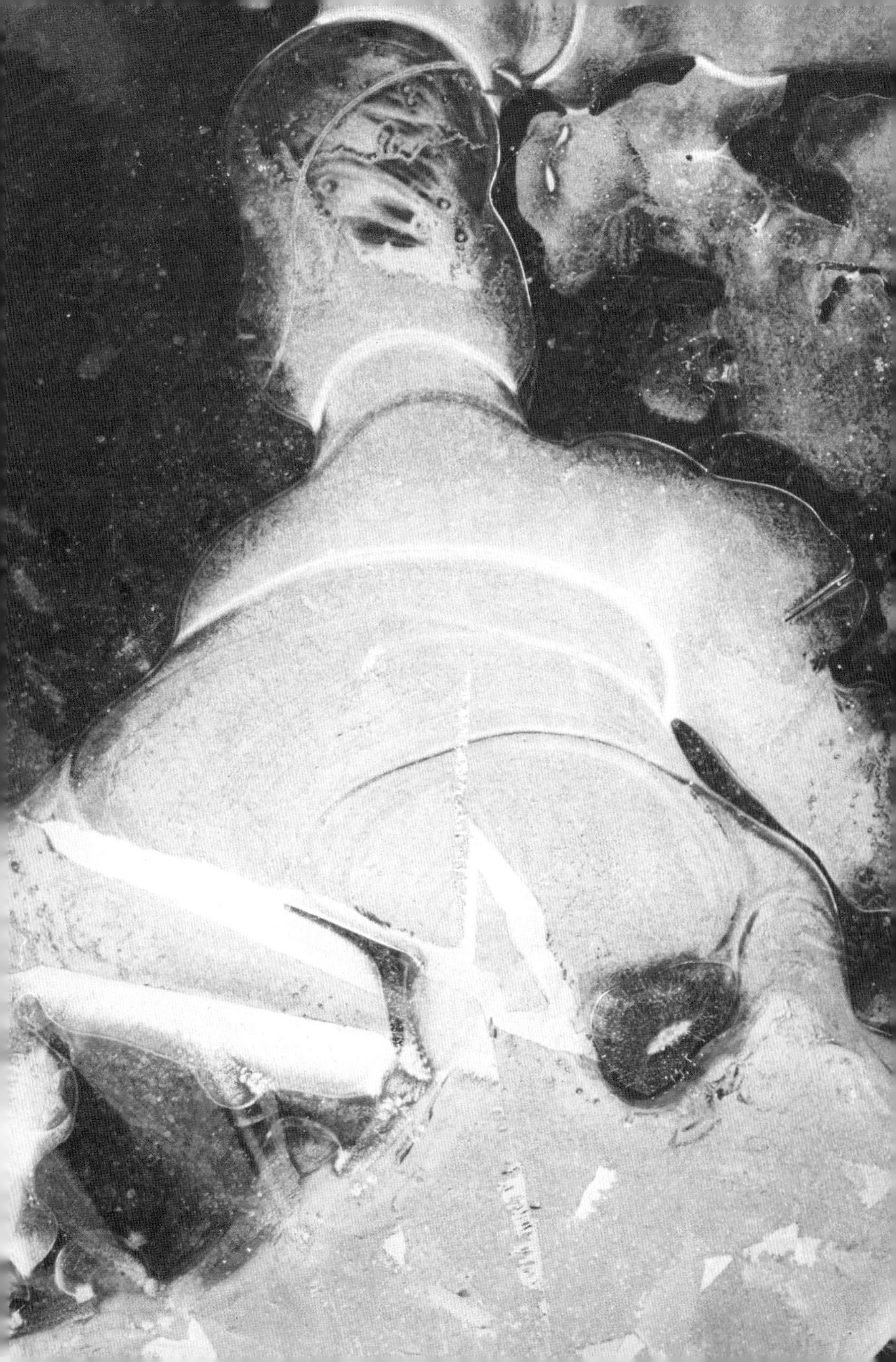

DE LA SOLITUDE

Je mesure mon éloignement
à l'ordinaire
de tes yeux

*

Au nord de la solitude
un froid trop intense
me brûle

DES SÉDENTAIRES

Viscache

Parce que l'oxygène est rare
il vit à un jet de pierre
de son terrier

*

Le pigeon voyageur

Rentrer chez lui
c'est tout ce qu'il sait faire
ce qu'il veut faire

DU DÉSIR

Aisselles dévoilées
femme plus nue
que nue

*

Je ne peux vous raconter mon rêve
je m'en souviens
trop bien

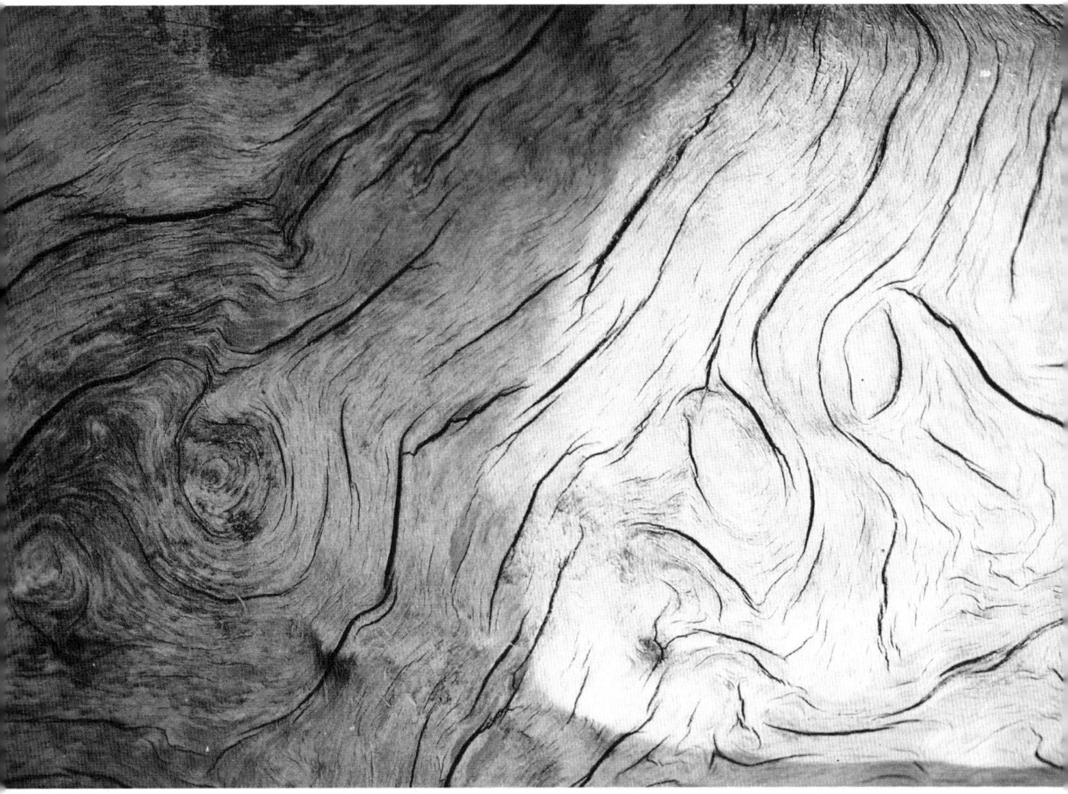

DE LA VIE INTÉRIEURE

Vient un temps où
le désir se confond
avec le souvenir

*

Vieillir :
intérioriser
l'horizon

DU MOI

Dit d'un passant
n'ayant pas toute sa tête :
«Tu ne ressembles pas à ton visage»

*

Une inconnue essaie de me convaincre
que je ne suis pas
Yves Laroche

Fulgurites ou l'effet haïku
a été composé en Perpetua 14 sur 18
et achevé d'imprimer par l'imprimerie Marquis
le premier jour du mois d'avril de l'an deux mille quatorze
pour le compte des Éditions du Noroît

Direction littéraire
Paul Bélanger
Patrick Lafontaine

Le logo du Noroît est extrait
d'une eau-forte de Marc Séguin